Impressum
Verlag: BABADADA GmbH, Nedderfeld 112 , 22529 Hamburg
Geschäftsführer / Verlagsleitung: Harald Hof
Druck: Books on Demand GmbH, In de Tarpen 42, 22848 Norderstedt

Imprint
Publisher: BABADADA GmbH, Nedderfeld 112 , 22529 Hamburg, Germany
Managing Director / Publishing direction: Harald Hof
Print: Books on Demand GmbH, In de Tarpen 42, 22848 Norderstedt, Germany

escuela

училище

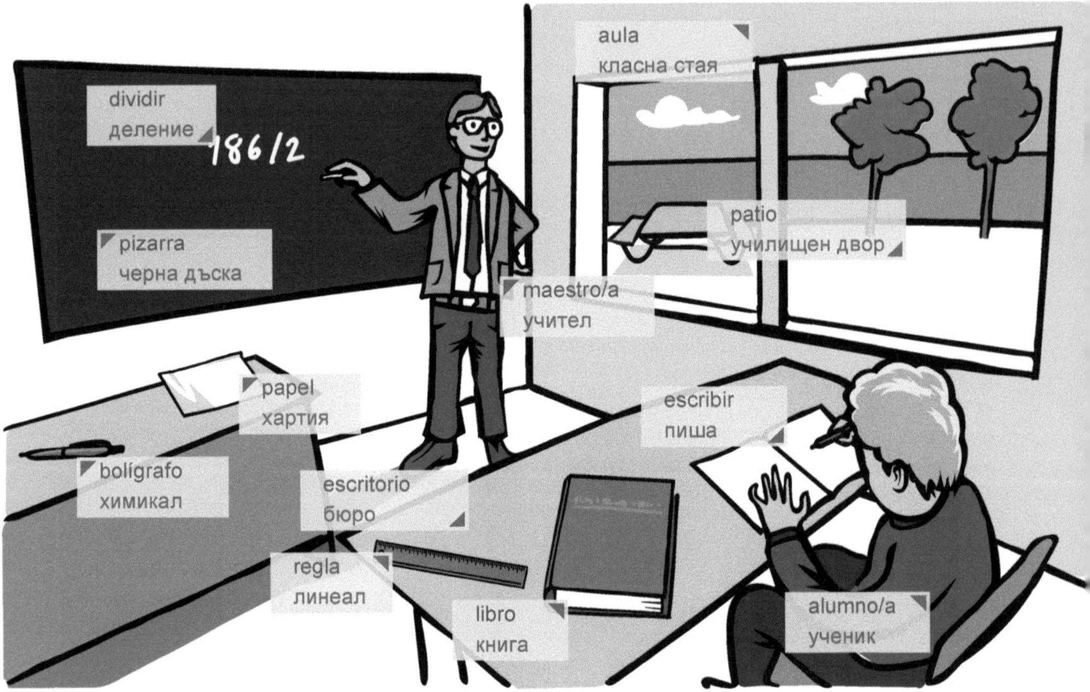

aula
класна стая
dividir
деление
186/2
pizarra
черна дъска
patio
училищен двор
maestro/a
учител
papel
хартия
escribir
пиша
bolígrafo
химикал
escritorio
бюро
regla
линеал
libro
книга
alumno/a
ученик

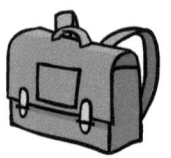

cartera

ученическа раница

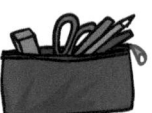

caja de lápices

ученически несесер

lápiz

молив

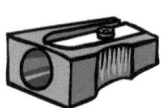

sacapuntas

острилка за моливи

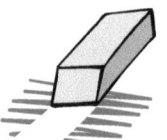

goma de borrar

гума

cuaderno de dibujo

блок за рисуване

dibujo

рисунка

pincel

четка

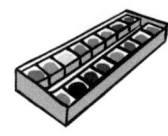

caja de pinturas

акварелни бои

tijeras

ножица

pegamento

лепило

cuaderno de ejercicios

тетрадка за упражнения

deberes

домашна работа

12

número

число

2+2

sumar

събиране

5-2

restar

изваждане

2×2

multiplicar

умножение

calcular

смятане

A

letra

буква

ABCDEFG
HIJKLMN
OPQRSTU
VWXYZ

alfabeto

азбука

palabra

дума

texto

текст

leer

чета

tiza

тебешир

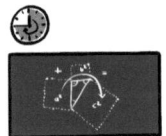

lección

час

cuaderno de notas

дневник на класа

examen

изпит

certificado

свидетелство

uniforme escolar

ученическа униформа

educación

образование

enciclopedia

справочник

universidad

университет

microscopio

микроскоп

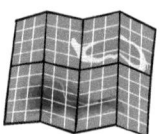

mapa

карта

papelera

кошче за хартиени
отпадъци

viaje

пътуване

hotel
хотел
Grand
albergue
хостел
ROOMS
EXCHANGE
oficina de cambio de divisas
обменно бюро
maleta
куфар
coche
кола

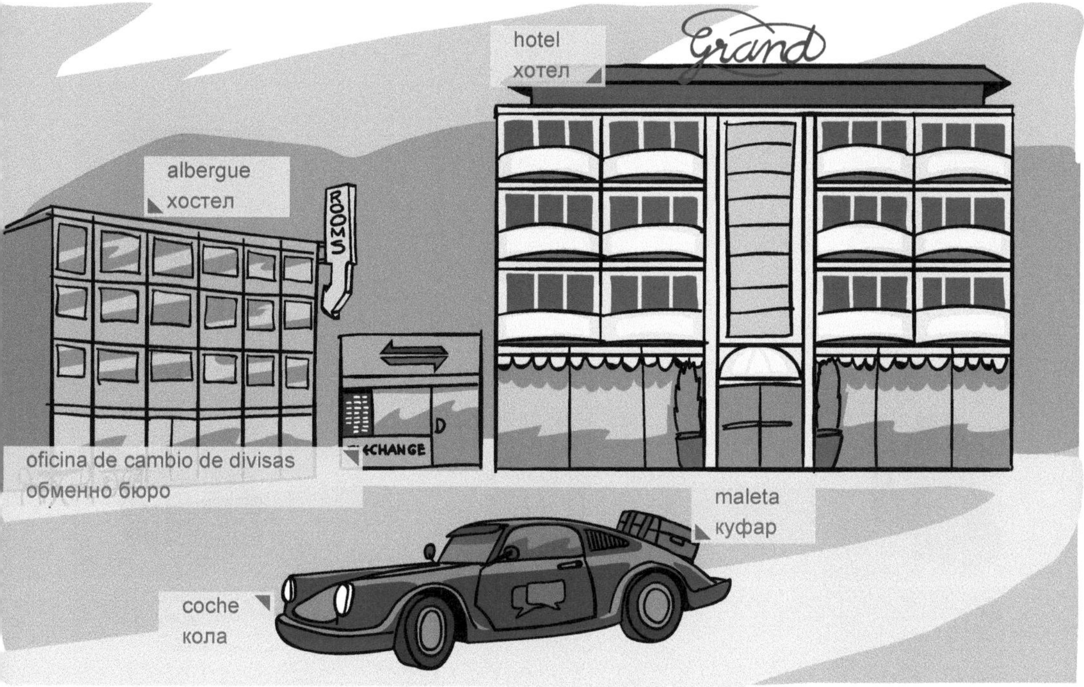

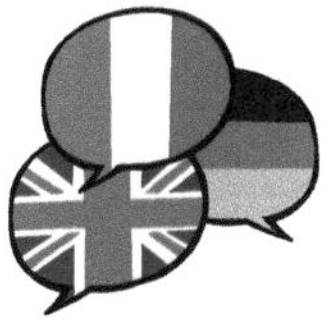

idioma

език

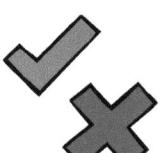

sí / no

да / не

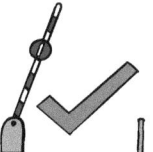

Vale

Окей

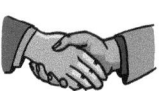

hola

здравей

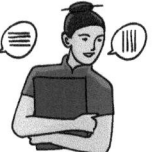

traductor

преводач

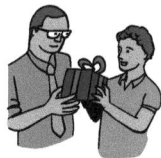

Gracias

Благодаря

¿cuánto es...?

Колко струва...?

No entiendo

Не разбирам

problema

проблем

¡Buenas tardes!

Добър вечер!

¡Buenos días!

Добро утро!

¡Buenas noches!

Лека нощ!

adiós

довиждане

dirección

посока

equipaje

багаж

bolsa

пътна чанта

mochila

раница

invitado

посетител

habitación

стая

saco de dormir

спален чувал

tienda de campaña

палатка

información turística

туристическа информация

playa

плаж

tarjeta de crédito

кредитна карта

desayuno

закуска

almuerzo

обед

cena

вечеря

billete

билет

ascensor

асансьор

sello

пощенска марка

frontera

граница

aduana

митница

embajada

посолство

visa

виза

pasaporte

паспорт

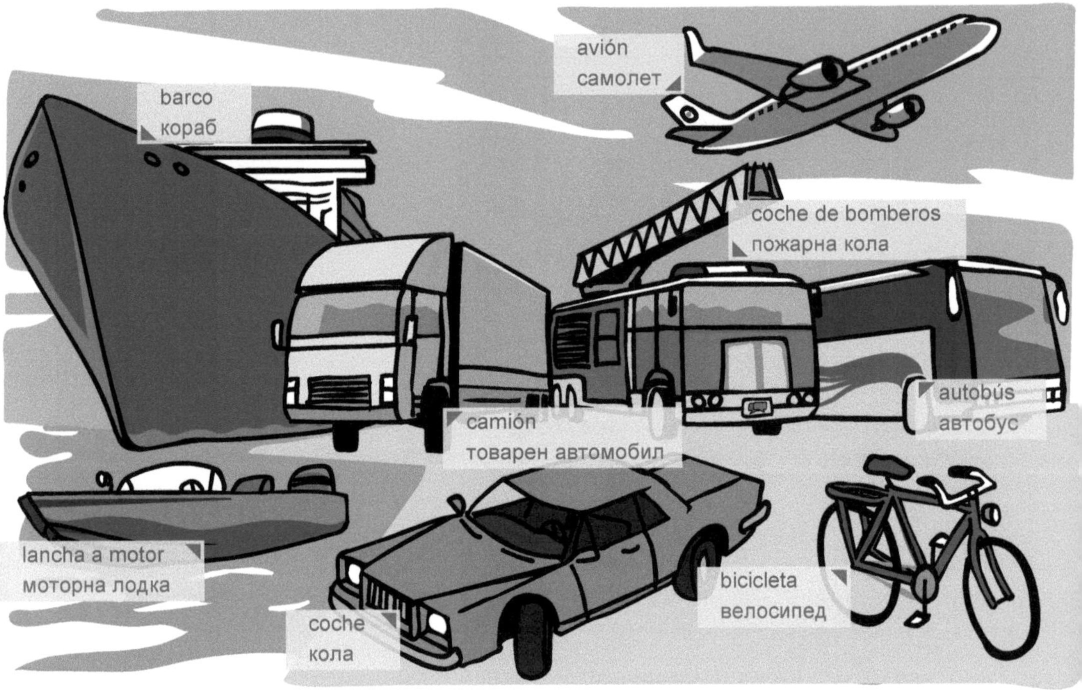

avión
самолет

barco
кораб

coche de bomberos
пожарна кола

camión
товарен автомобил

autobús
автобус

lancha a motor
моторна лодка

coche
кола

bicicleta
велосипед

transbordador
....
ферибот

barca
....
лодка

moto
....
мотоциклет

coche de policía
....
полицейска кола

coche de carreras
....
състезателна кола

coche de alquiler
....
кола под наем

8

préstamo de vehículos

каршеринг

grúa

автомобил от "Пътна помощ"

camión de la basura

сметовоз

motor

двигател

gasolina

бензин

gasolinera

бензиностанция

señal de tráfico

пътен знак

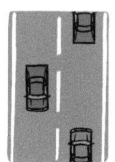

tráfico

улично движение

atasco

задръстване

aparcamiento

паркинг

estación de tren

гара

vías

релси

tren

влак

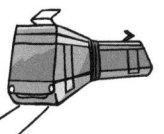

tranvía

трамвай

vagón

вагон

helicóptero

хеликоптер

aeropuerto

аерогара

torre

кула

pasajero

пасажер

contenedor

контейнер

caja de cartón

кашон

carretilla

ръчна количка

cesta

кошница

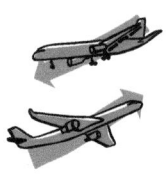

despegar / aterrizar

излитам / приземявам се

ciudad

град

pueblo

село

centro de ciudad

градски център

casa

къща

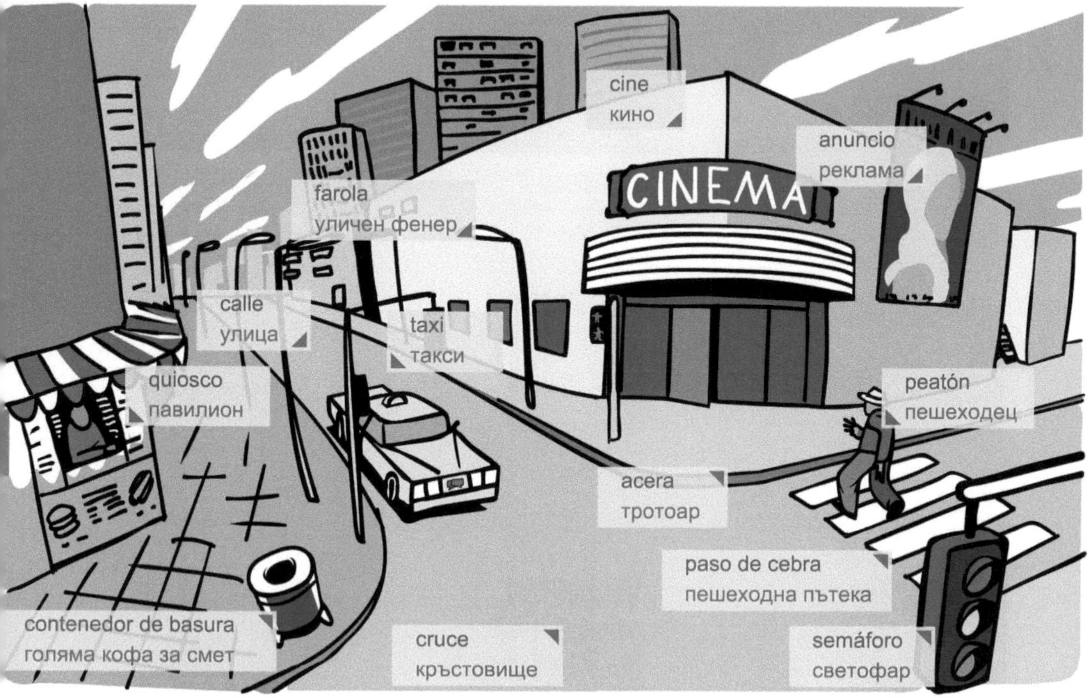

cine
кино

anuncio
реклама

farola
уличен фенер

calle
улица

taxi
такси

quiosco
павилион

peatón
пешеходец

acera
тротоар

paso de cebra
пешеходна пътека

contenedor de basura
голяма кофа за смет

cruce
кръстовище

semáforo
светофар

cabaña

хижа

apartamento

жилище

estación de tren

гара

ayuntamiento

кметство

museo

музей

escuela

училище

ciudad - град

universidad

университет

banco

банка

hospital

болница

hotel

хотел

farmacia

аптека

oficina

офис

librería

книжарница

tienda

магазин за цветя

floristería

магазин за цветя

supermercado

супермаркет

mercado

пазар

grandes almacenes

универсален магазин

pescadería

търговец на риба

centro comercial

търговски център

puerto

пристанище

parque

парк

banco

пейка

puente

мост

escaleras

стълба

metro

метро

túnel

тунел

parada de autobús

автобусна спирка

bar

бар

restaurante

ресторант

buzón

пощенска кутия

poste indicador

улична табелка

parquímetro

часовник за паркинг
престой

zoo

зоологическа градина

piscina

плувен басейн

mezquita

джамия

ciudad - град

granja

селски двор

contaminación

замърсяване на околната среда

cementerio

гробище

iglesia

църква

patio de juego

детска площадка

templo

храм

paisaje
пейзаж

hoja
листо

señal
пътепоказател

camino
път

prado
ливада

piedra
камък

árbol
дърво

excursionista
пътешественик

río
река

hierba
трева

flor
цвете

valle

долина

colina

планина

lago

море

bosque

гора

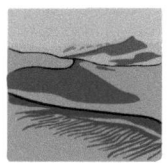

desierto

пустиня

volcán

вулкан

castillo

замък

arcoíris

дъга

champiñón

гъба

palmera

палма

mosquito

комар

mosca

муха

hormiga

мравка

abeja

пчела

araña

паяк

escarabajo

бръмбар

rana

жаба

ardilla

катеричка

erizo

таралеж

liebre

заек

lechuza

кукумявка

pájaro

птица

cisne

лебед

jabalí

диво прасе

ciervo

елен

alce

лос

presa

бент

turbina eólica

вятърна турбина

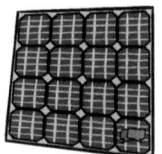

panel solar

соларен модул

clima

климат

restaurante

ресторант

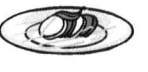

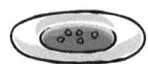

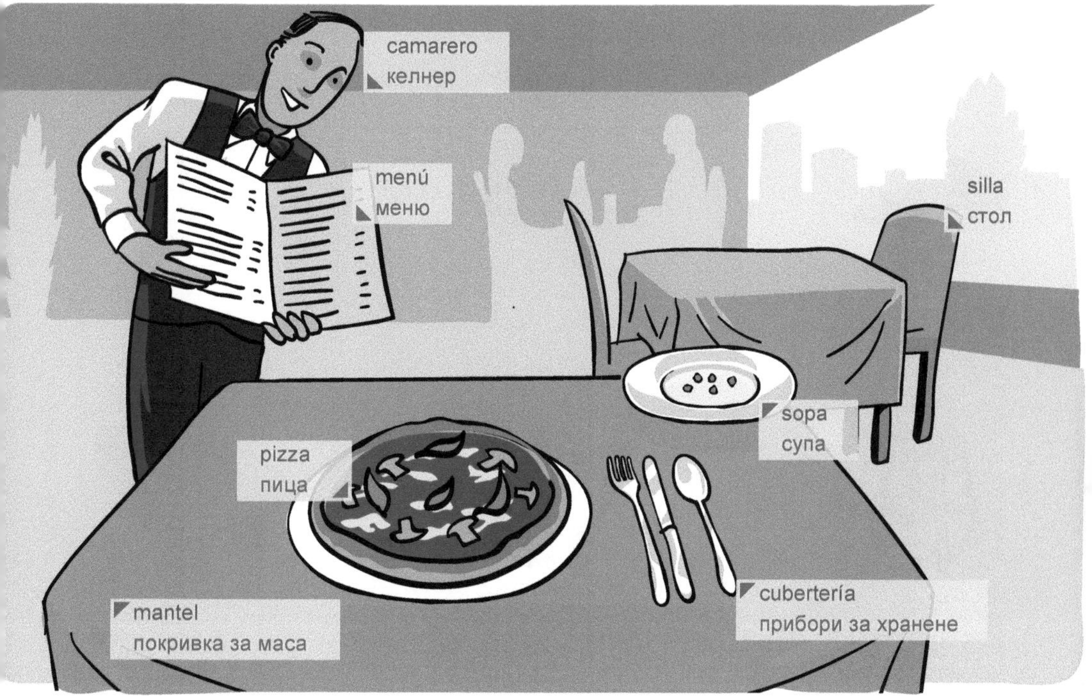
camarero
келнер
menú
меню
silla
стол
sopa
супа
pizza
пица
mantel
покривка за маса
cubertería
прибори за хранене

primer plato

предястие

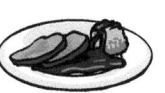

plato principal

основно ястие

postre

десерт

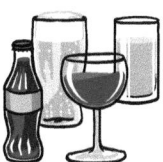

bebidas

напитки

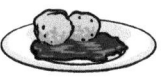

comida

ядене

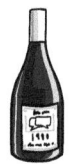

botella

бутилка

comida rápida

бързо хранене

comida callejera

улична храна

tetera

кана за чай

azucarero

кутия за захар

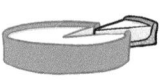

porción

порция

cafetera expreso

еспресо машина

trona

висок детски стол

cuenta

сметка

bandeja

табла

cuchillo

ножица за нокти

tenedor

вилица

cuchara

лъжица

cucharilla

чаена лъжичка

servilleta

салфетка

vaso

стъклена чаша

restaurante - ресторант

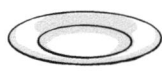

plato

чиния

plato hondo

чиния за супа

platillo

чинийка

salsa

сос

salero

солница

molinillo de pimienta

мелничка за черен пипер

vinagre

оцет

aceite

олио

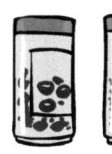

especias

подправки

ketchup

кетчуп

mostaza

горчица

mayonesa

майонеза

supermercado

супермаркет

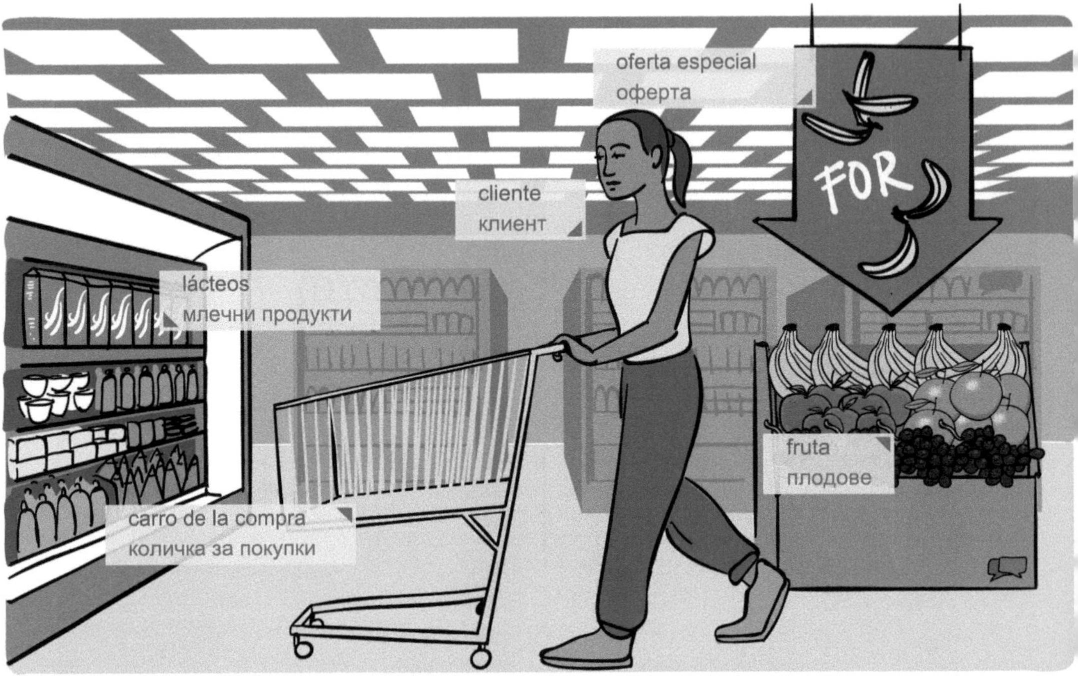

oferta especial
оферта
FOR
cliente
клиент
lácteos
млечни продукти
fruta
плодове
carro de la compra
количка за покупки

BUTCHERS

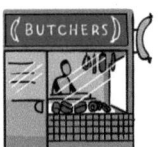

carnicería

кланица

BAKERY

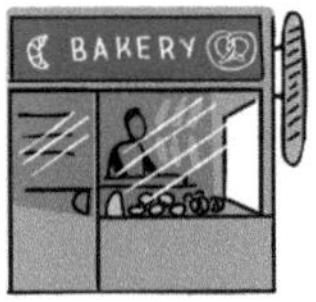

panadería

хлебарница

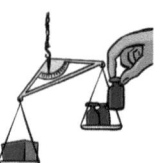

pesar

тегля

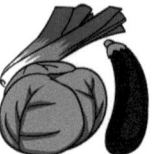

verduras

зеленчуци

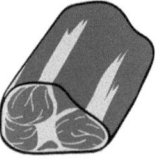

carne

месо

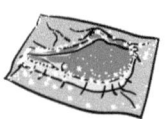

alimentos congelados

дълбоко замразена храна

fiambres

нарязан колбас или сирене

conservas

консерви

detergente en polvo

перилен препарат

dulces

лакомства

productos de uso doméstico

домакински изделия

productos de limpieza

почистващи препарати

vendedora

продавачка

caja

каса

cajero

касиер

lista de la compra

списък на покупките

horario de atención al público

работно време

cartera

портфейл

tarjeta de crédito

кредитна карта

bolsa

чанта

bolsa de plástico

пластмасова торба

supermercado - супермаркет

agua

вода

zumo

сок

leche

мляко

cola

кола

vino

вино

cerveza

бира

alcohol

алкохол

cacao

какао

té

чай

café

кафе машина

expreso

еспресо

capuchino

капучино

comida
ядене

plátano
банан

manzana
ябълка

naranja
портокал

melón
пъпеш

limón
лимон

zanahoria
морков

ajo
чесън

bambú
бамбук

cebolla
лук

champiñón
гъба

avellanas
ядки

fideos
макарони

espagueti

спагети

arroz

ориз

ensalada

салата

patatas fritas

пържени картофи

patatas fritas

печени картофи

pizza

пица

hamburguesa

хамбургер

sándwich

сандвич

filete

шницел

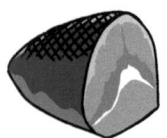

jamón

шунка

salami

траен колбас

salchicha

салам

pollo

пиле

asado

печено

pescado

риба

copos de avena

овесени ядки

muesli

мюсли

copos de maíz

корнфлейкс

harina

брашно

cruasán

кроасан

panecillo

хлебчета

pan

хляб

tostada

препечена филийка

galletas

бисквити

mantequilla

масло

cuajada

извара

pastel

сладкиш

huevo

яйце

huevo frito

яйца на очи

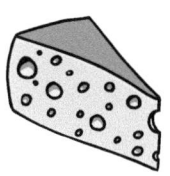

queso

сирене

comida - ядене

helado

сладолед

azúcar

захар

miel

мед

mermelada

мармалад

crema de turrón

нуга крем

curry

къри

granja
селски двор

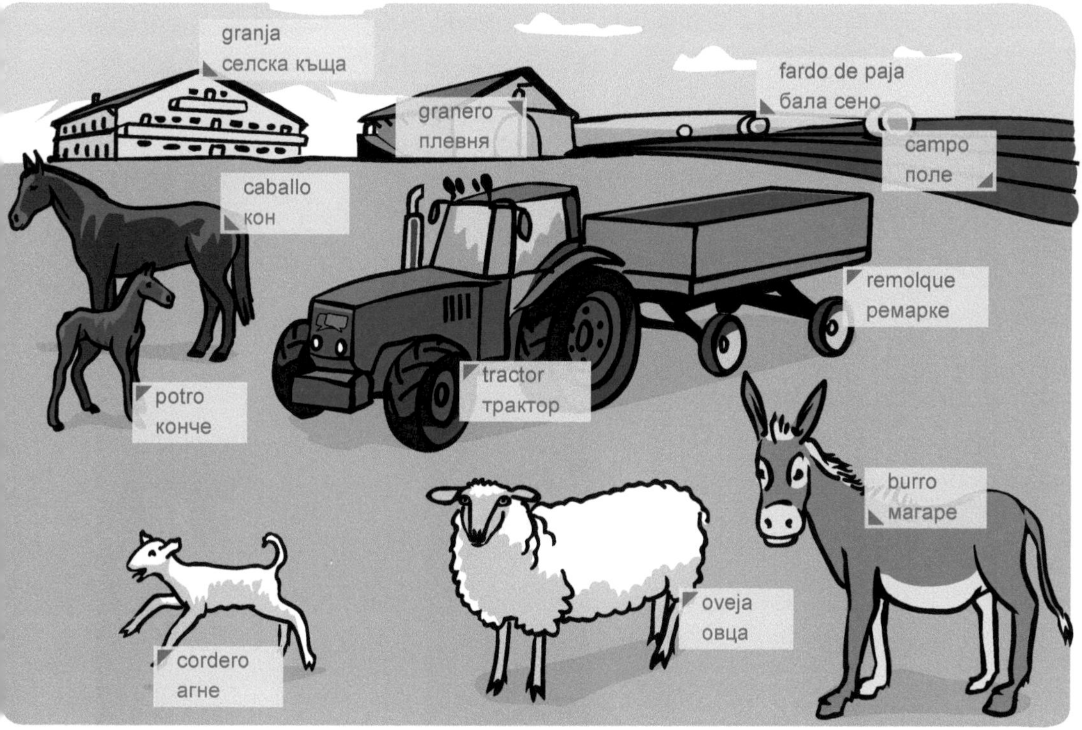
granja
селска къща
fardo de paja
бала сено
granero
плевня
campo
поле
caballo
кон
remolque
ремарке
tractor
трактор
potro
конче
burro
магаре
oveja
овца
cordero
агне

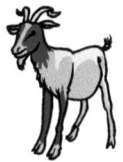

cabra

коза

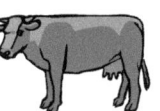

vaca

крава

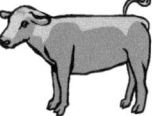

ternero

теле

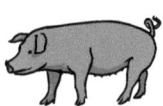

cerdo

свиня

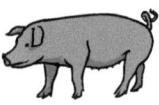

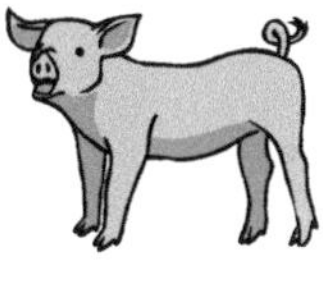

cerdito

прасенце

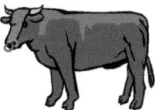

toro

бик

ganso

гъска

pato

патица

pollo

пиленце

gallina

кокошка

gallo

петел

rata

плъх

gato

котка

ratón

мишка

buey

вол

perro

куче

perrera

кучешка колиба

manguera

градински маркуч

regadera

лейка

guadaña

коса

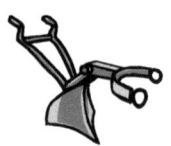

arado

плуг

hoz

сърп

azada

мотика

horca

вила за тор

hacha

брадва

carretilla

ръчна количка

abrevadero

корито

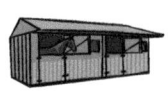

lechera

съд за мляко

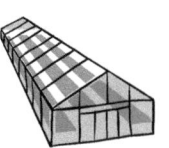

saco

чувал

valla

ограда

establo

обор

invernadero

парник

suelo

земя

semilla

сеитба

fertilizador

тор

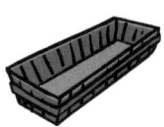

cosechadora

комбайн

cosechar

жъна

cosecha

реколта

ñame

ямс

trigo

жито

soja

соя

patata

картоф

maíz

царевица

semilla de colza

рапица

árbol frutal

овощно дърво

mandioca

маниока

cereales

зърнени храни

chimenea
комин

tejado
покрив

canalón
улук

ventana
прозорец

garaje
гараж

timbre
звънец

puerta
врата

cubo de la basura
кофа за боклук

buzón
пощенска кутия

jardín
градина

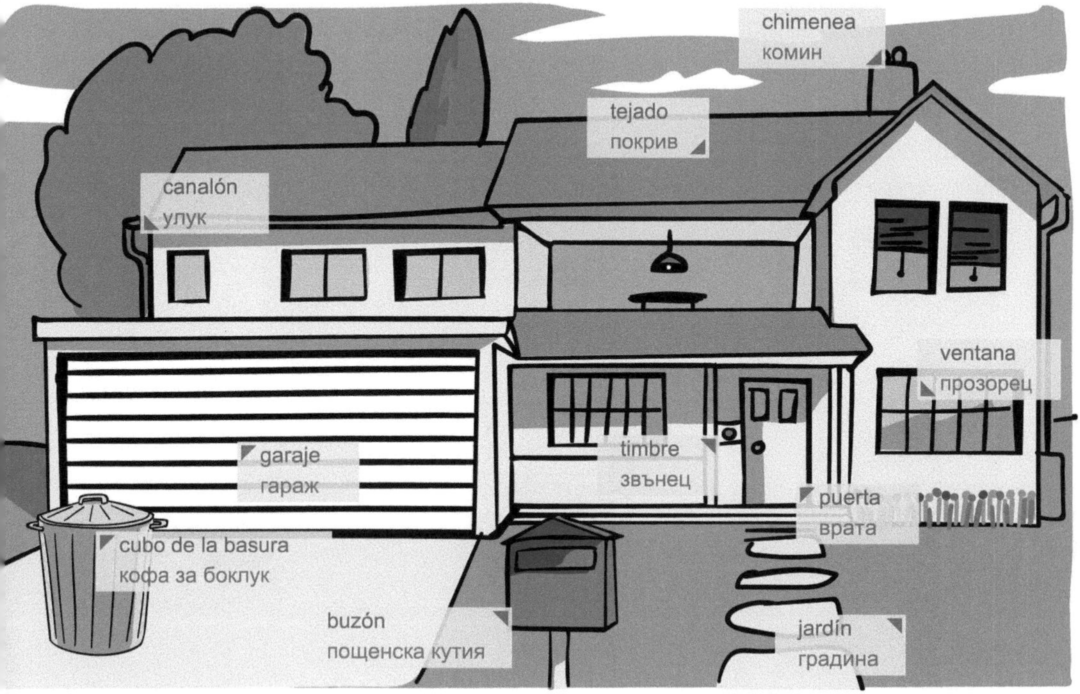

sala

всекидневна

cuarto de baño

баня

cocina

кухня

dormitorio

спалня

habitación de los niños

детска стая

comedor

трапезария

casa - къща

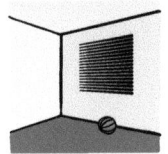

suelo

под

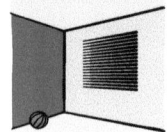

pared

стена

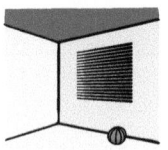

techo

таван

sótano

изба

sauna

сауна

balcón

балкон

terraza

тераса

piscina

плувен басейн

cortacésped

косачка

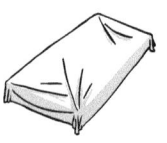

sábana

спално бельо

colcha

покривка за легло

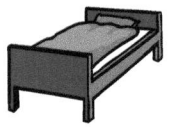

cama

легло

escoba

метла

balde

кофа

interruptor

електрически ключ

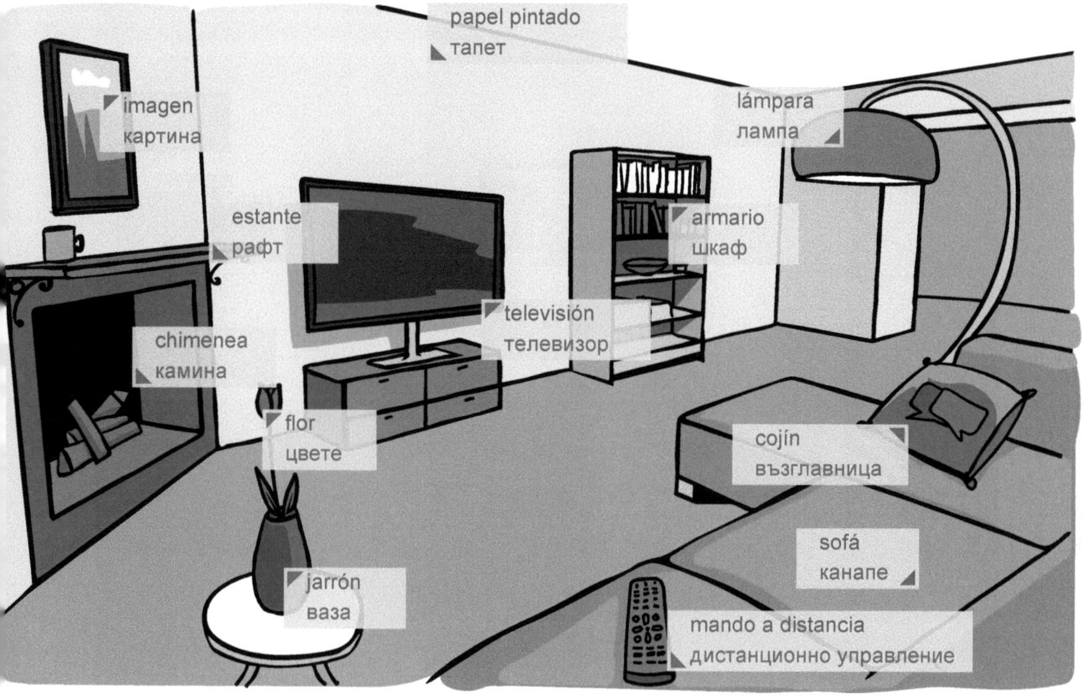

papel pintado
тапет

imagen
картина

lámpara
лампа

estante
рафт

armario
шкаф

chimenea
камина

televisión
телевизор

flor
цвете

cojín
възглавница

sofá
канапе

jarrón
ваза

mando a distancia
дистанционно управление

alfombra
килим

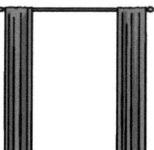

cortina
завеса

mesa
маса

silla
стол

mecedora
люлеещ се стол

butaca
кресло

libro

книга

manta

одеяло

decoración

декорация

leña

дърва за отопление

película

филм

equipo de música

стерео уредба

llave

ключ

periódico

вестник

pintura

живопис

póster

постер

radio

радио

cuaderno

бележник

aspiradora

прахосмукачка

cactus

кактус

vela

свещ

cocina
кухня

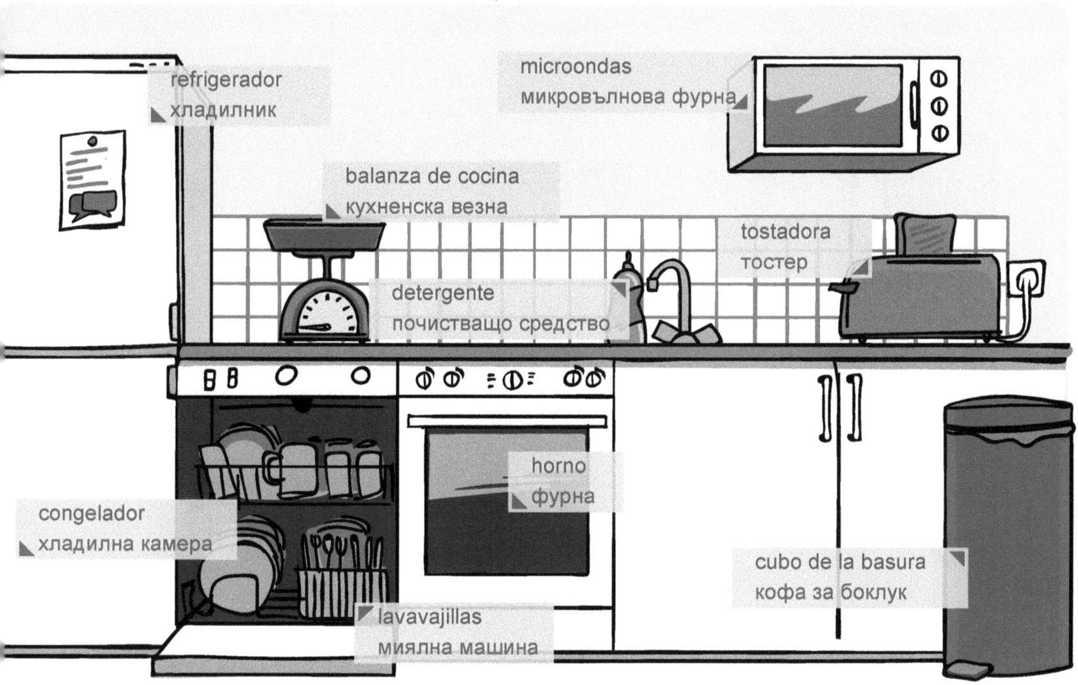
refrigerador
хладилник
microondas
микровълнова фурна
balanza de cocina
кухненска везна
tostadora
тостер
detergente
почистващо средство
horno
фурна
congelador
хладилна камера
cubo de la basura
кофа за боклук
lavavajillas
миялна машина

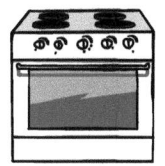

olla a presión

готварска печка

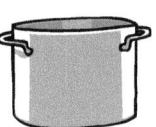

olla

тенджера

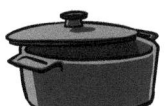

olla de hierro fundido

желязна тенджера

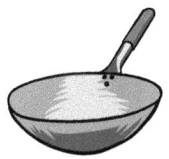

wok / karahi

уок / кадаи

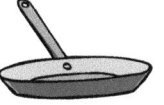

cazuela

тиган

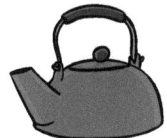

hervidor

кана за затопляне на вода

vaporera

уред за готвене на пара

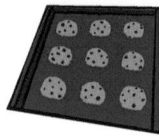

chapa de horno

тава за печене

vajilla

съдове

taza

чаша

tazón

купа

palillos

клечки за хранене

cucharón

черпак

espumadera

лопатка за тиган

batidor

тел за разбиване (на яйца, белтъци)

colador

кошница за варене

cedazo

гевгир

rallador

ренде

mortero

хаван

barbacoa

барбекю

hoguera

огнище

tabla de picar

дъска

rodillo

точилка

sacacorchos

тирбушон

lata

кутия

abrelatas

отварачка за консерви

agarrador

кухненска ръкохватка

lavabo

мивка

cepillo

четка

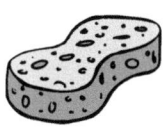

esponja

гъба

batidora

миксер

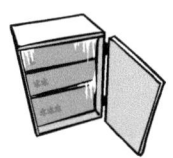

congelador

фризер

biberón

бебешко шише

grifo

воден кран

cuarto de baño

баня

ducha
душ
calefacción
отопление
toalla
хавлиена кърпа
cortina de la ducha
завеса за баня
baño de espuma
шампоан за вана
bañera
вана
vaso
стъклена чаша
lavadora
перална машина
grifo
воден кран
baldosas
плочки
orinal
гърне
lavabo
мивка

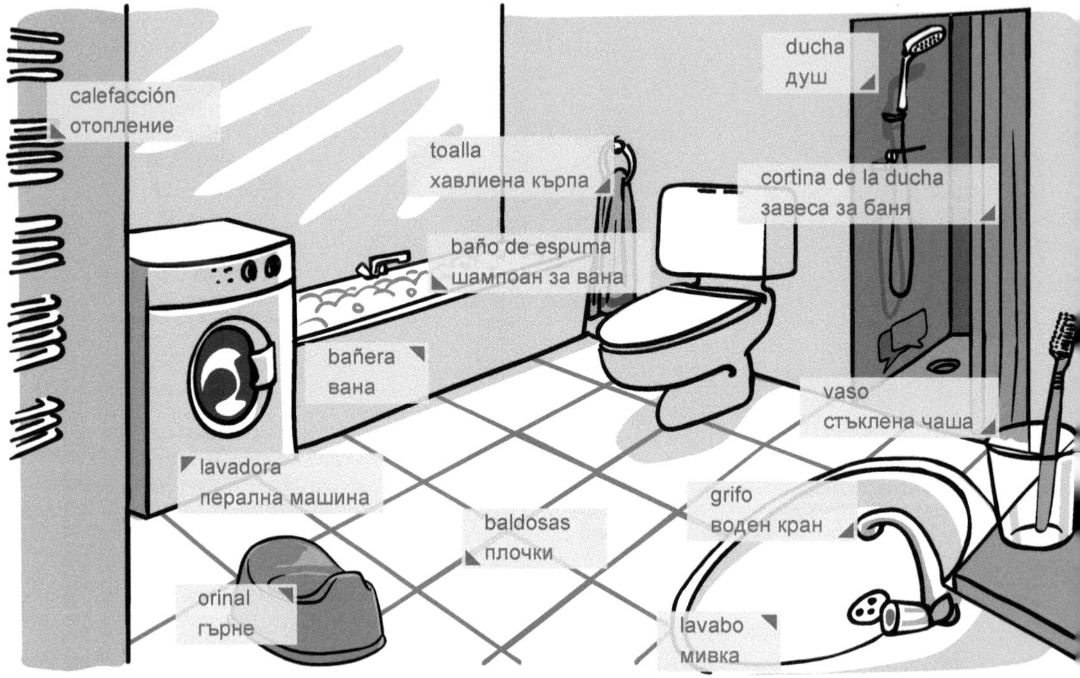

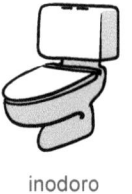

inodoro

тоалетна

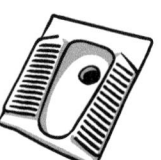

inodoro rústico

клекало

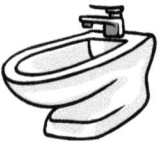

bidé

биде

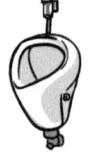

urinario

писоар

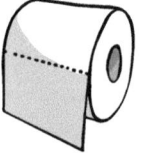

papel higiénico

тоалетна хартия

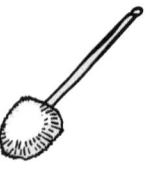

escobilla del váter

четка за тоалетна

cepillo de dientes

четка за зъби

pasta de dientes

паста за зъби

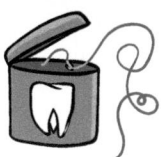

hilo dental

конец за зъби

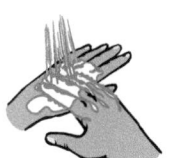

lavar

мия

ducha de mano

ръчен душ

ducha íntima

интимен душ

pila

леген

cepillo de espalda

четка за гръб

jabón

сапун

gel de ducha

душ гел

champú

шампоан за вана

toallita

гъба за баня

desagüe

сифон

crema

крем

desodorante

дезодорант

espejo

огледало

espejo de tocador

козметично огледало

maquinilla de afeitar

ръчна самобръсначка

espuma de afeitar

пяна за бръснене

loción postafeitado

одеколон за след
бръснене

peine

гребен

cepillo

четка

secador

сешоар

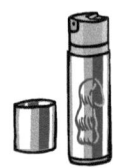

laca

спрей за коса

maquillaje

грим

pintalabios

червило

pintauñas

лак за нокти

algodón

памук

cortauñas

ножица за нокти

perfume

парфюм

estuche de viaje

тоалетна чантичка

banqueta

табуретка

balanza

везна

albornoz

хавлия

guantes de goma

домакински ръкавици

tampón

тампон

compresa

дамски превръзки

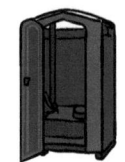

inodoro químico

химическа тоалетна

habitación de los niños

детска стая

despertador
будилник
peluche
плюшена играчка
coche de juguete
автомобил играчка
sonajero
дрънкалка
casa de muñecas
къща за кукли
regalo
подарък

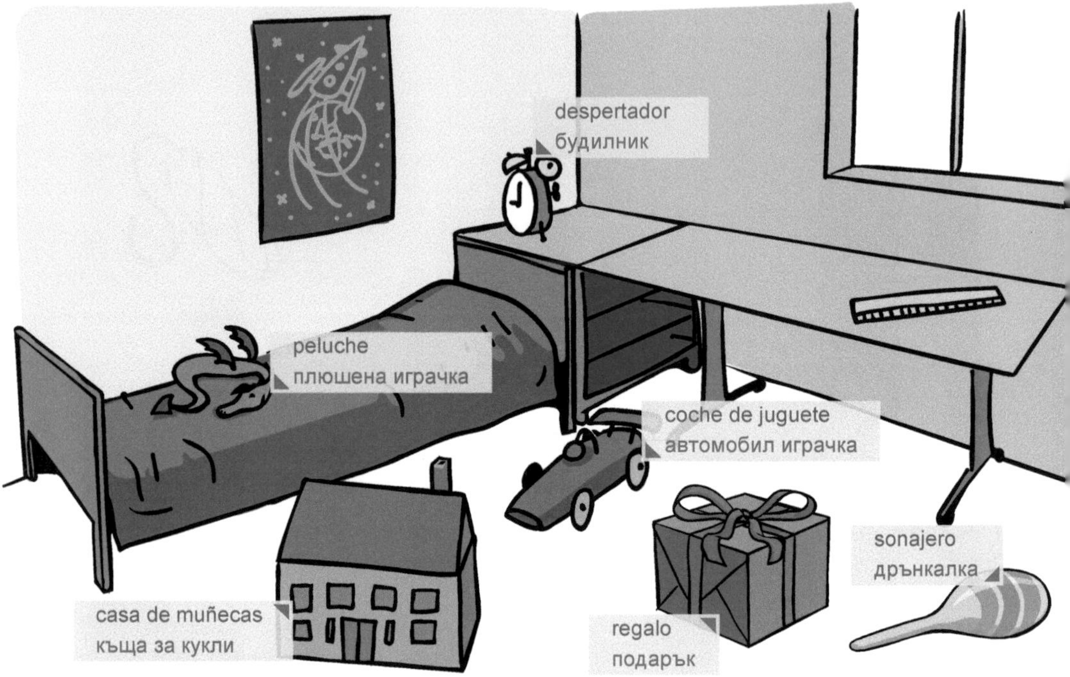

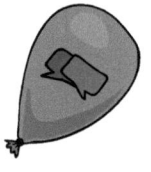

globo

балон

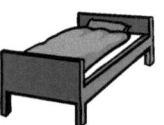

cama

легло

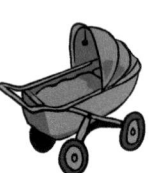

coche de niño

детска количка

naipes

игра на карти

puzle

пъзел

SUPER MEGA

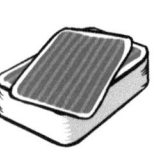

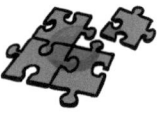

tebeo

комикс

piezas de lego

лего елементи

bloques de juguete

строителни елементи

figura de acción

екшън фигурка

bodi (de bebé)

бебешки гащеризон

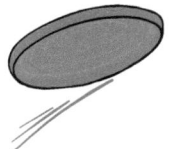

frisbee

фрисби

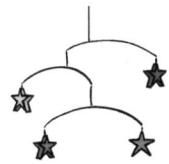

colgador móvil para bebés

бебешки играчки за легло

juego de mesa

настолна игра

dados

зарче

circuito de tren eléctrico

миниатюрно влакче

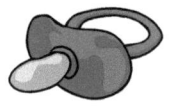

maniquí

биберон

fiesta

парти

álbum de fotos

детска книга с илюстрации

pelota

топка

muñeca

кукла

jugar

играя

cajón de arena

пясъчник

columpio

люлка

juguetes

играчка

videoconsola

игрова конзола

triciclo

велосипед с три колелета

oso de peluche

плюшено мече

guardarropa

гардероб

ropa

облекло

calcetines

къси чорапи

medias

дълги чорапи

leotardos

чорапогащник

bufanda
шал

cinturón
колан

paraguas
чадър

camiseta
Т-шърт

botas
ботуши

zapatillas
пантофи

deportivas
гуменки

sandalias
....
сандали

zapatos
....
обувки

botas de goma
....
гумени ботуши

slip
....
слип

sostén
....
сутиен

chaleco
....
долна блуза

bodi

боди

pantalones

панталон

vaqueros

дънки

falda

пола

blusa

блуза

camisa

риза

jersey

пуловер

suéter

суичър

blazer

блейзър

chaqueta

яке

abrigo

палто

gabardina

дъждобран

traje

костюм

vestido

рокля

vestido de novia

булчинска рокля

traje

костюм

camisón

нощница

pijama

пижама

sari

сари

bandana

кърпа за глава

turbante

тюрбан

burka

бурка

caftán

кафтан

abaya

абая

traje de baño

бански костюм

bañador

плувни шорти

pantalones cortos

къс панталон

chándal

анцуг

delantal

престилка

guantes

ръкавици

botón

копче

gafas

очила

brazalete

гривна

collar

верижка

anillo

пръстен

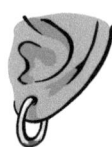

pendiente

обеца

gorra

каскет

percha

закачалка

sombrero

шапка

corbata

вратовръзка

cremallera

цип

casco

каска

tirantes

тиранти

uniforme escolar

ученическа униформа

uniforme

униформа

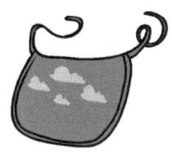

babero

лигавник

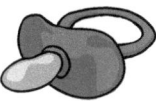

maniquí

биберон

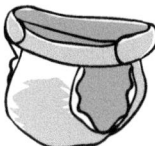

pañal

пелена

oficina

офис

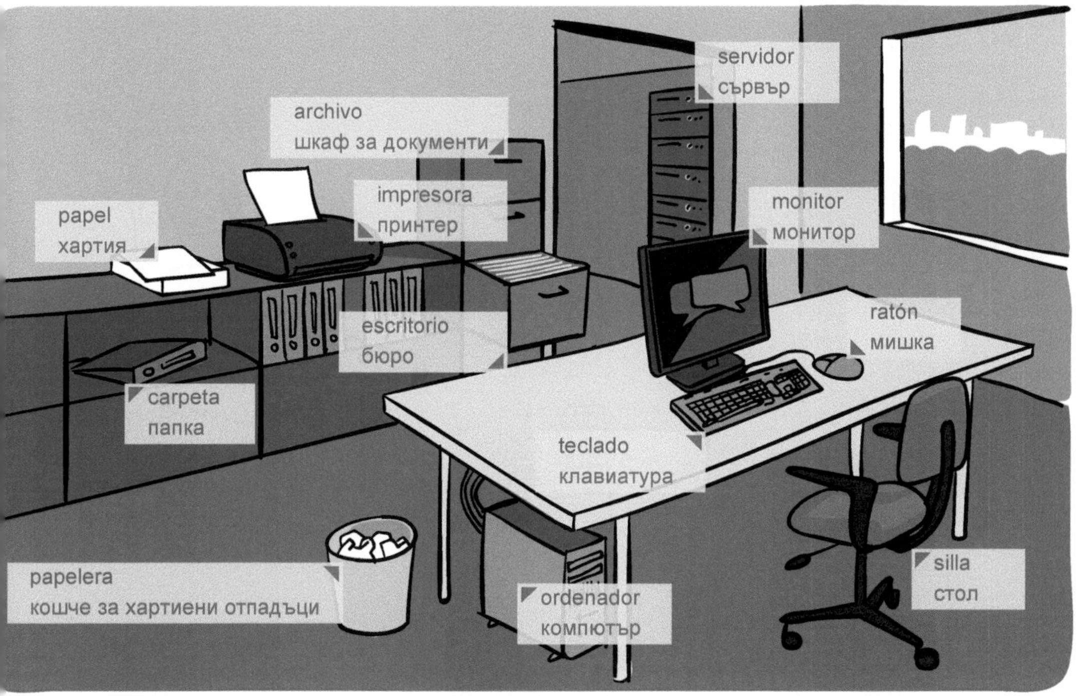
servidor
сървър
archivo
шкаф за документи
impresora
принтер
papel
хартия
monitor
монитор
ratón
мишка
escritorio
бюро
carpeta
папка
teclado
клавиатура
papelera
кошче за хартиени отпадъци
silla
стол
ordenador
компютър

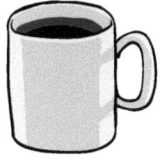

taza de café

чаша за кафе

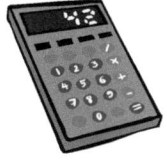

calculadora

джобен калкулатор

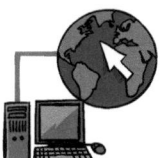

internet

интернет

portátil

лаптоп

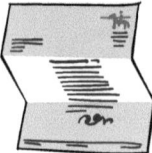

carta

писмо

mensaje

съобщение

móvil

мобилен телефон

red

мрежа

fotocopiadora

ксерокс

software

софтуер

teléfono

телефон

toma de corriente

контакт

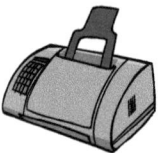

fax

факс

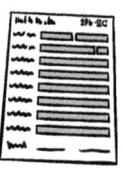

formulario

формуляр

documento

документ

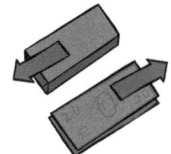

comprar

купувам

pagar

плащам

comerciar

търгувам

dinero

пари

dólar

долар

euro

евро

yen

йена

rublo

рубла

franco suizo

швейцарски франк

renminbi yuan

ренминби юан

rupia

рупия

cajero automático

банкомат

oficina de cambio de divisas

обменно бюро

oro

злато

plata

сребро

petróleo

нефт

energía

енергия

precio

цена

contrato

договор

impuesto

данък

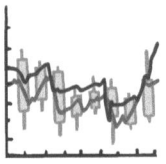

acción

акция

trabajar

работя

empleado

служител

empleador

работодател

fábrica

фабрика

tienda

магазин за цветя

oficios

професии

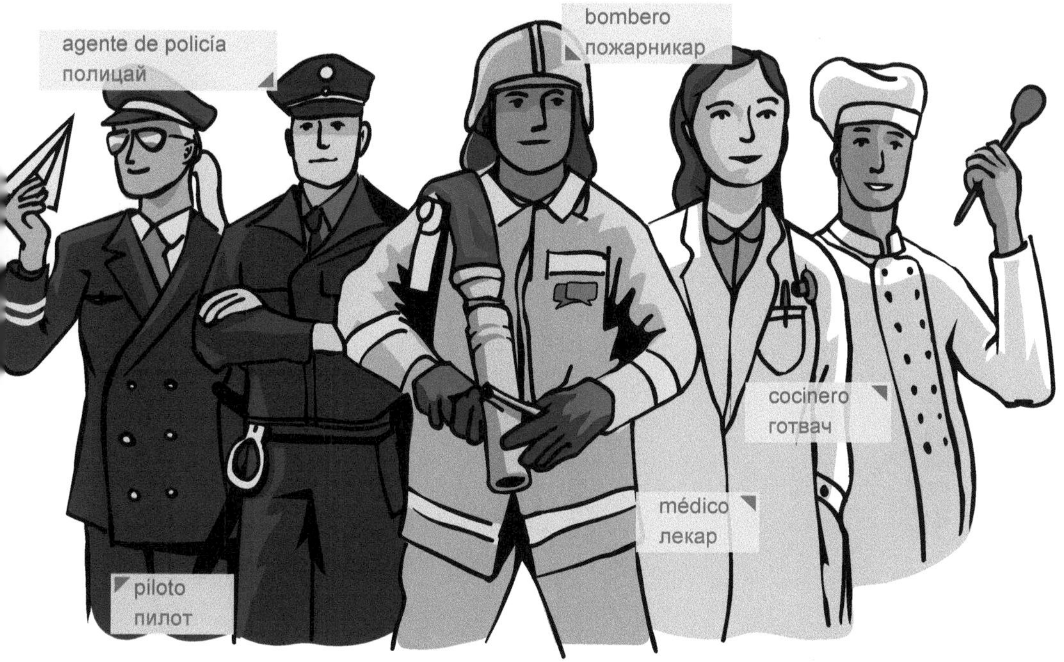

bombero
пожарникар
agente de policía
полицай
cocinero
готвач
médico
лекар
piloto
пилот

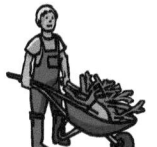

jardinero

градинар

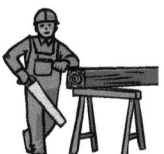

carpintero

мебелист

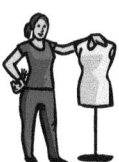

costurera

шивачка

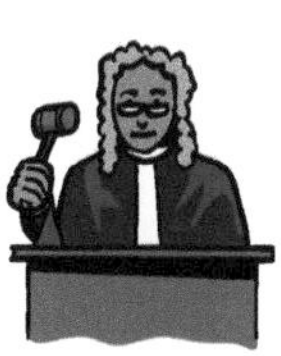

juez

съдия

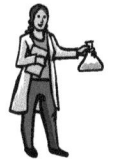

farmacéutico

химик

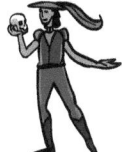

actor

артист

conductor de autobús

шофьор на автобус

taxista

шофьор на такси

pescador

рибар

señora de la limpieza

чистачка

techador

майстор на покриви

camarero

келнер

cazador

ловец

pintor

художник

panadero

хлебар

electricista

електротехник

obrero

строителен работник

ingeniero

инженер

carnicero

касапин

fontanero

тенекеджия

cartero

пощальон

soldado

войник

arquitecto

архитект

cajero

касиер

florista

цветар

peluquero

фризьор

revisor

кондуктор

mecánico

механик

capitán

капитан

dentista

зъболекар

científico

научен работник

rabino

равин

imán

имàм

monje

монах

sacerdote

свещеник

herramientas

инструменти

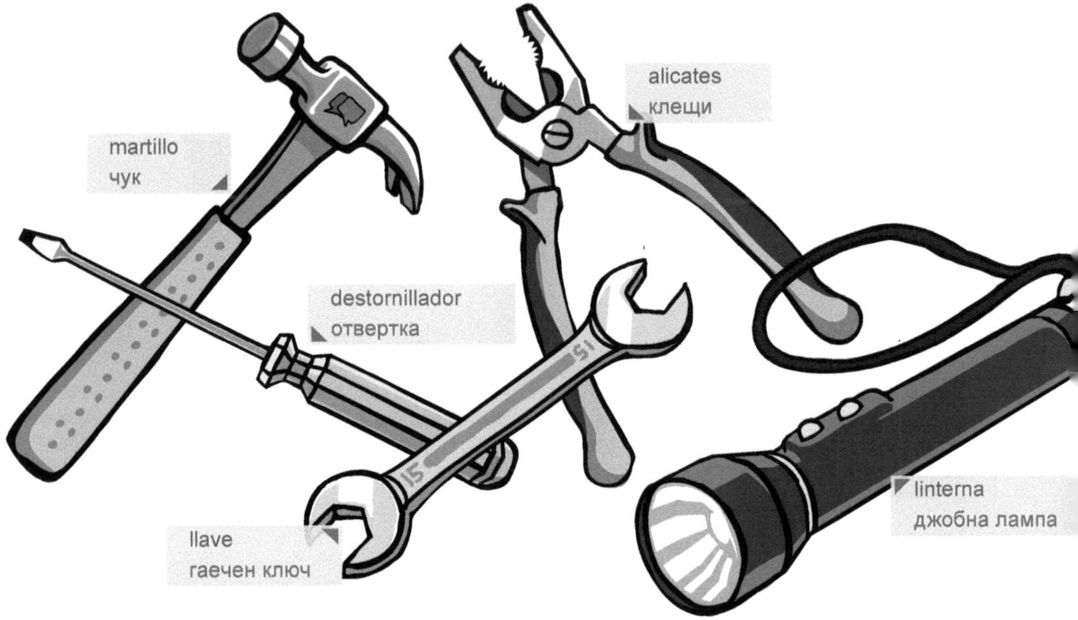

martillo
чук
alicates
клещи
destornillador
отвертка
llave
гаечен ключ
linterna
джобна лампа

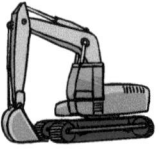

excavadora

багер

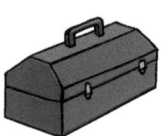

caja de herramientas

кутия за инструменти

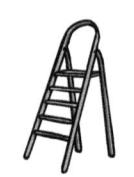

escalera de mano

стълба

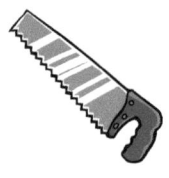

sierra

трион

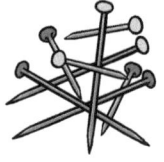

clavos

пирони

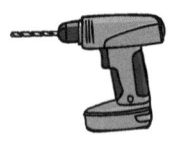

taladro

бормашина

reparar

ремонтирам

pala

лопата

¡Maldita sea!

По дяволите!

recogedor

лопатка за смет

bote de pintura

кутия за боя

tornillos

болтове

instrumentos musicales
музикални инструменти

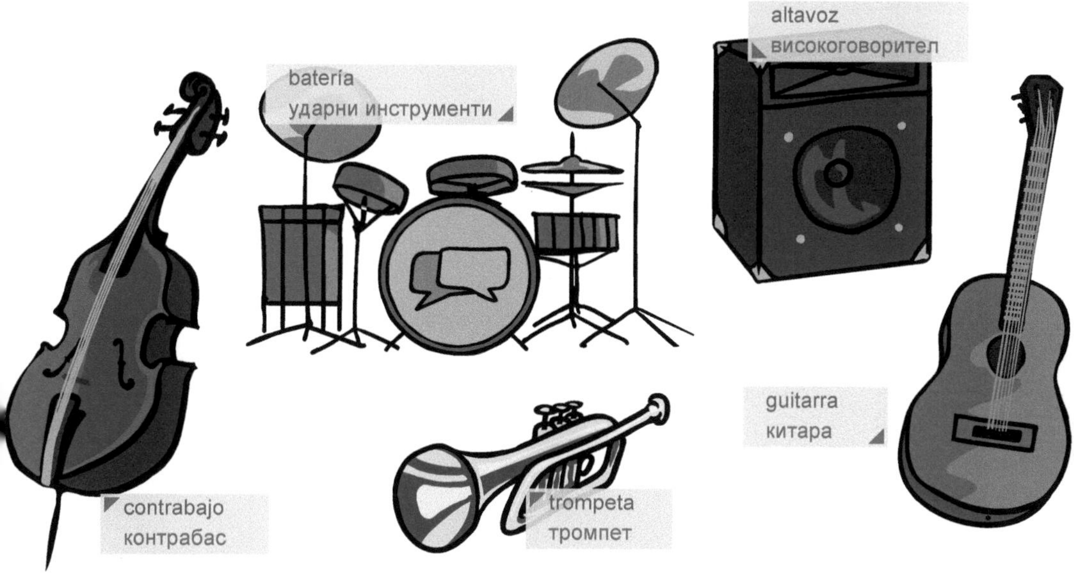

batería
ударни инструменти

altavoz
високоговорител

guitarra
китара

contrabajo
контрабас

trompeta
тромпет

piano

пиано

violín

виолина

bajo

контрабас

timbales

тимпан

tambor

барабан

teclado

електрическо пиано

saxofón

саксофон

flauta

флейта

micrófono

микрофон

instrumentos musicales - музикални инструменти

зоологическа градина

entrada
вход

tigre
тигър

jaula
бръмбар

cebra
зебра

pienso
храна за животни

panda
панда

animales

животни

elefante

слон

canguro

кенгуру

rinoceronte

носорог

gorila

горила

oso

мечка

camello

камила

avestruz

щраус

león

лъв

mono

маймуна

flamingo

фламинго

loro

папагал

oso polar

бяла мечка

pingüino

пингвин

tiburón

акула

pavo real

паун

serpiente

змия

cocodrilo

крокодил

guardián de zoológico

пазач в зоологическа
градина

foca

тюлен

jaguar

ягуар

poni

пони

leopardo

леопард

hipopótamo

хипопотам

jirafa

жираф

águila

орел

jabalí

диво прасе

pescado

риба

tortuga

костенурка

morsa

морж

zorro

лисица

gacela

газела

fútbol americano
американски футбол

ciclismo
колоездене

tenis
тенис

baloncesto
баскетбол

natación
плуване

boxeo
бокс

hockey sobre hielo
хокей на лед

fútbol
футбол

bádminton
бадминтон

atletismo
лека атлетика

balonmano
хандбал

esquí
ски бягане

polo
поло

reír
смея се

saltar
скачам

abrazar
прегръщам

caminar
вървя

cantar
пея

soñar
сънувам

rezar
моля се

besar
целувам

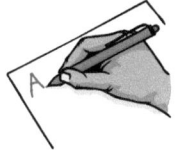

escribir

пиша

dibujar

рисувам

mostrar

показвам

empujar

бутам

dar

давам

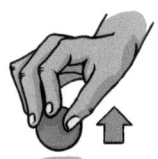

tomar

взимам

tener

имам

hacer

правя

ser

съм

estar de pie

стоя

correr

тичам

tirar

дърпам

tirar

хвърлям

caer

падам

yacer

лежа

esperar

чакам

llevar

нося

estar sentado

седя

vestirse

обличам

dormir

спя

despertar

събуждам се

mirar

разглеждам

llorar

плача

acariciar

милвам

peinar

реша се

hablar

говоря

entender

разбирам

preguntar

питам

escuchar

слушам

beber

пия

comer

ям

ordenar

разтребвам

amar

обичам

cocinar

готвя

conducir

карам автомобил

volar

летя

navegar

плавам (с платна)

calcular

смятане

leer

чета

aprender

уча

trabajar

работя

casarse

женя се

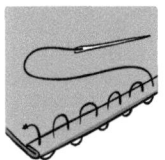

coser

шия

cepillarse los dientes

измивам си зъбите

matar

убивам

fumar

пуша

enviar

изпращам

familia

семейство

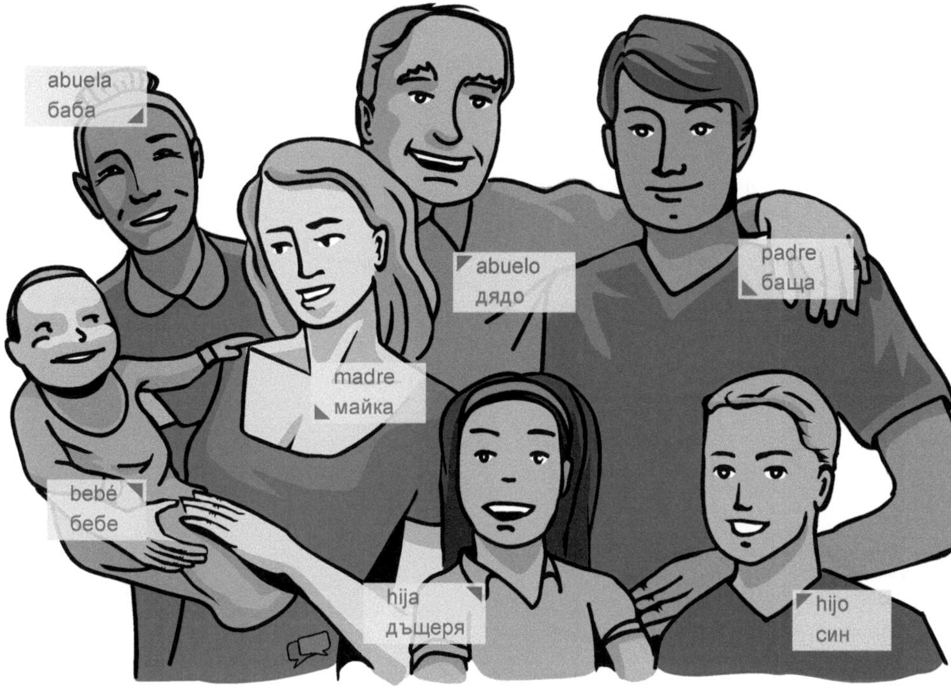
abuela
баба
abuelo
дядо
padre
баща
madre
майка
bebé
бебе
hija
дъщеря
hijo
син

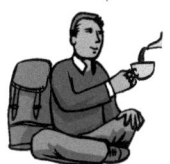

invitado

посетител

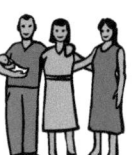

tía

леля

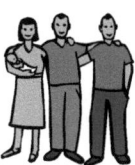

tío

чичо

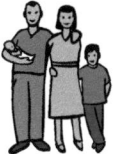

hermano

брат

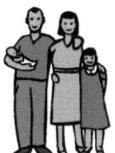

hermana

сестра

cuerpo

тяло

frente
чело
ojo
око
hombro
рамо
dedo
пръст
cara
лице
barbilla
брадичка
mano
ръка
pecho
гърди
pierna
крак
brazo
ръка

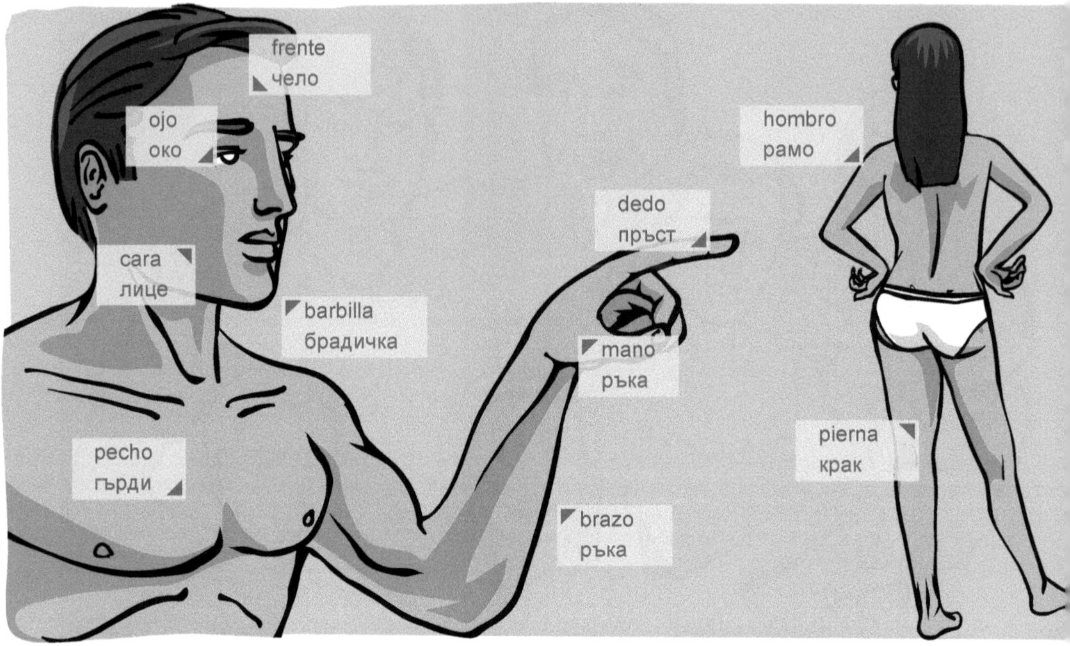

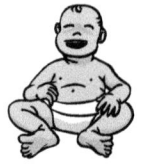

bebé
бебе

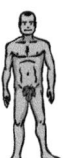

hombre
мъж

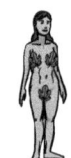

mujer
жена

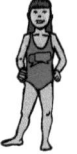

chica
момиче

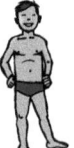

chico
момче

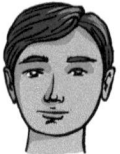

cabeza
глава

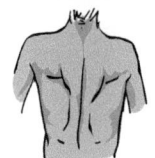

espalda

гръб

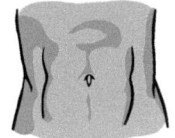

vientre

корем

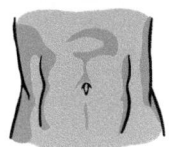

ombligo

пъп

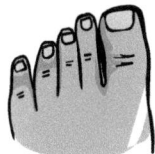

dedo del pie

пръст на крака

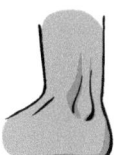

talón

пета

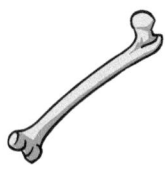

hueso

кост

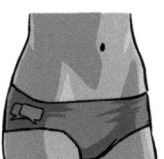

cadera

хълбок

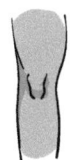

rodilla

коляно

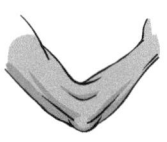

codo

лакът

nariz

нос

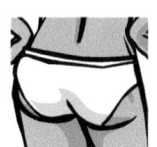

trasero

седалище

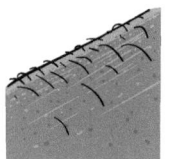

piel

кожа

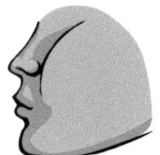

mejilla

буза

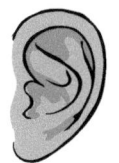

oído

ухо

labio

устна

boca

уста

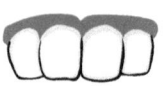

diente

зъб

lengua

език

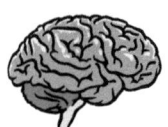

cerebro

мозък

corazón

сърце

músculo

мускул

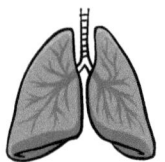

pulmón

бял дроб

hígado

черен дроб

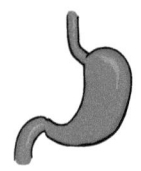

estómago

стомах

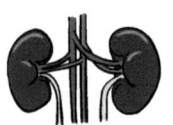

riñones

бъбреци

sexo

полово сношение

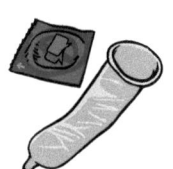

condón

кондом

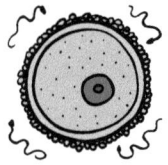

ovario

яйцеклетка

semen

сперма

embarazo

бременност

cuerpo - тяло

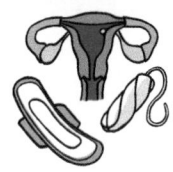

menstruación

менструация

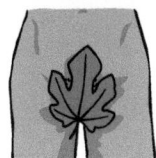

vagina

вагина

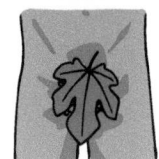

pene

пенис

ceja

вежда

pelo

коса

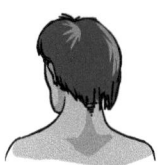

cuello

шия

hospital
болница

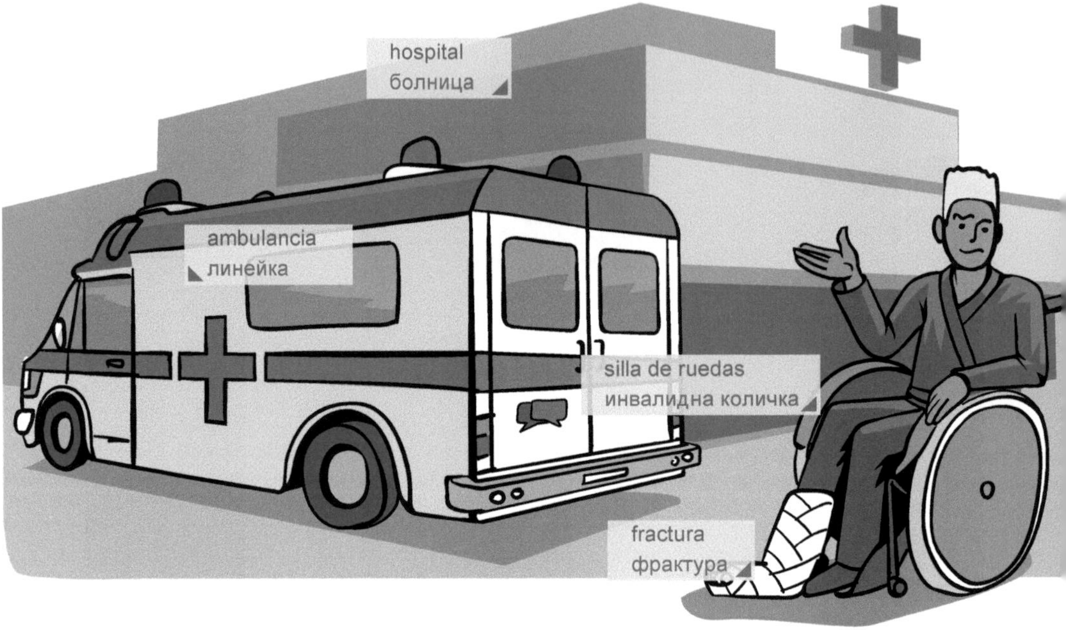

hospital
болница
ambulancia
линейка
silla de ruedas
инвалидна количка
fractura
фрактура

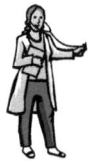

médico

лекар

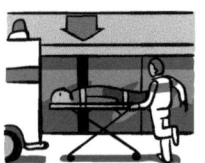

sala de urgencias

спешна хоспитализация

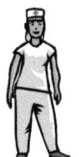

enfermera

медицинска сестра

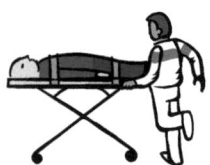

urgencia

спешен случай

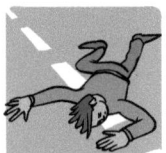

inconsciente

в безсъзнание

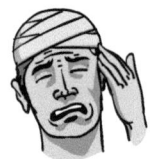

dolor

болка

lesión

нараняване

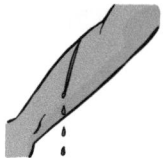

hemorragia

кървене

infarto

инфаркт

ictus

инсулт

alergia

алергия

tos

кашлица

fiebre

температура

gripe

грип

diarrea

диария

dolor de cabeza

главоболие

cáncer

рак

diabetes

диабет

cirujano

хирург

bisturí

скалпел

operación

операция

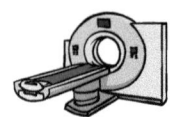

TAC

компютърна томография

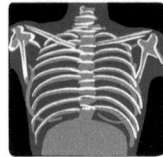

rayos x

рентген

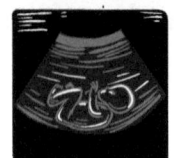

ultrasonido

ултразвук

mascarilla

маска

enfermedad

болест

sala de espera

чакалня

muleta

патерица

tirita

пластир

venda

превръзка

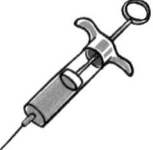

inyección

инжекция

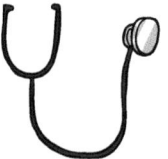

estetoscopio

стетоскоп

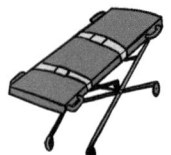

camilla

носилка

termómetro

термометър

nacimiento

раждане

sobrepeso

наднормено тегло

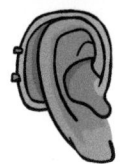

audífono

слухов апарат

desinfectante

дезинфекционно средство

infección

инфекция

virus

вирус

VIH / SIDA

HIV / AIDS

medicina

медицина

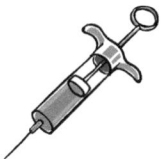

vacunación

ваксинация

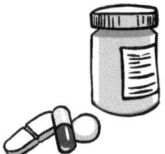

tabletas

таблети

pastilla

противозачатъчна
таблетка

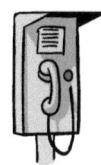

llamada de urgencia

спешно телефонно
обаждане

tensiómetro

апарат за измерване на
кръвното налягане

enfermo / sano

болен / здрав

¡Socorro!

Помощ!

alarma

сигнал за тревога

asalto

нападение

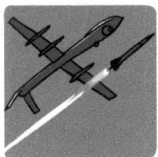

ataque

атака

peligro

опасност

salida de emergencia

авариен изход

¡Fuego!

Пожар!

extintor de incendios

пожарогасител

accidente

злополука

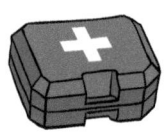

botiquín de primeros auxilios

комплект за оказване на първа помощ

SOS

SOS

policía

полиция

Europa

Европа

Norteamérica

Северна Америка

Sudamérica

Южна Америка

África

Африка

Asia

Азия

Australia

Австралия

Atlántico

Атлантически океан

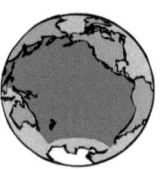

Pacífico

Тихи океан

Océano Índico

Индийски океан

Océano Antártico

Южен ледовит океан

Océano Ártico

Северен ледовит океан

polo norte

Северен полюс

polo sur

Южен полюс

Antártida

Антарктида

tierra

Земя

tierra

суша

mar

море

isla

остров

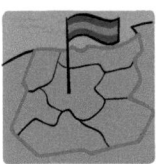

nación

нация

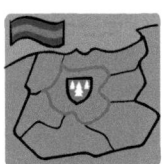

estado

държава

esfera

циферблат

manecilla de las horas

стрелка на часовете

minutero

стрелка на минутите

segundero

стрелка на секундите

¿Qué hora es?

Колко е часът?

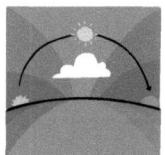

día

ден

tiempo

време

ahora

сега

reloj digital

дигитален часовник

minuto

минута

hora

час

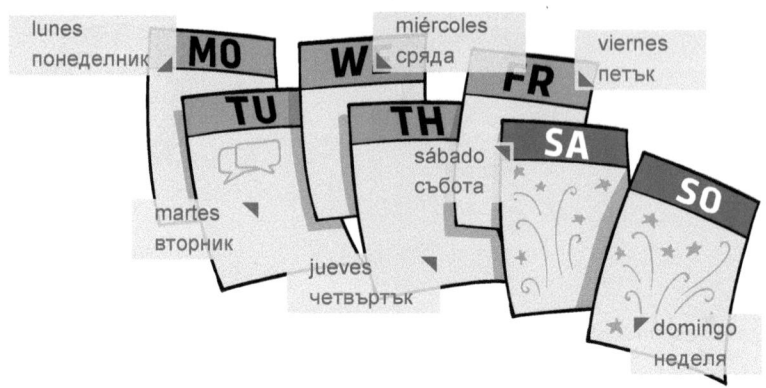

lunes
понеделник

miércoles
сряда

viernes
петък

martes
вторник

jueves
четвъртък

sábado
събота

domingo
неделя

ayer

вчера

hoy

днес

mañana

утре

mañana

сутрин

mediodía

обед

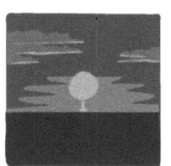

tarde

вечер

MO	TU	WE	TH	FR	SA	SU
1	2	3	4	5	6	7
8	9	10	11	12	13	14
15	16	17	18	19	20	21
22	23	24	25	26	27	28
29	30	31	1	2	3	4

días laborables

работни дни

MO	TU	WE	TH	FR	SA	SU
1	2	3	4	5	6	7
8	9	10	11	12	13	14
15	16	17	18	19	20	21
22	23	24	25	26	27	28
29	30	31	1	2	3	4

fin de semana

уикенд

año

година

lluvia
дъжд
arcoíris
дъга
viento
вятър
nieve
сняг
primavera
пролет
otoño
есен
verano
лято
invierno
зима

4.APRIL 11°
5.APRIL 4°
6.APRIL 13°
7.APRIL 8°
8.APRIL 10°

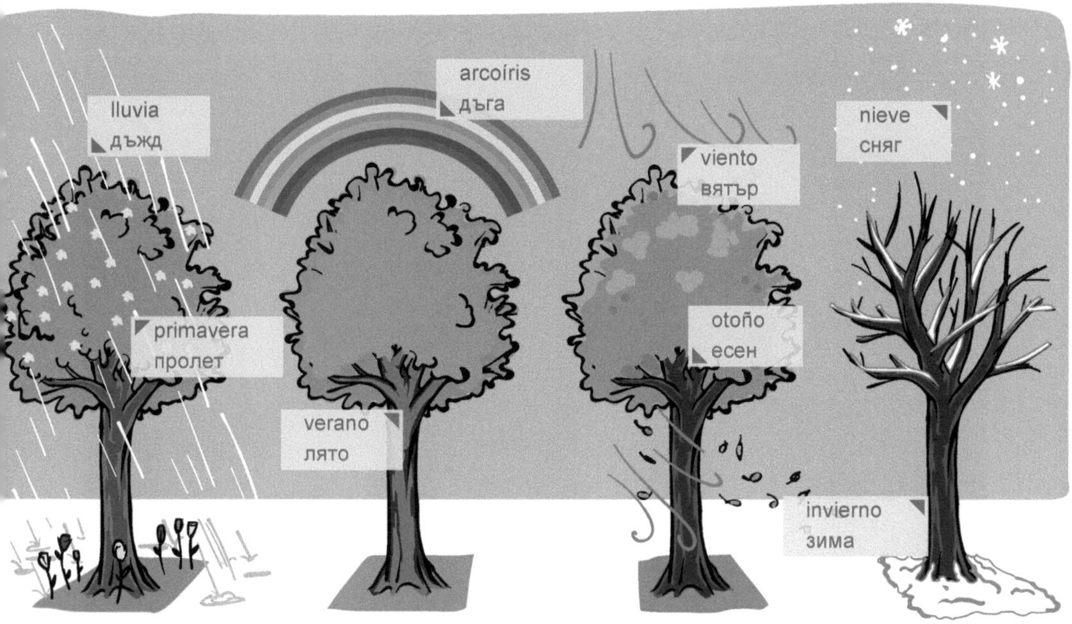

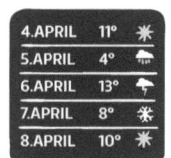

pronóstico del tiempo

прогноза за времето

F C

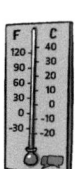

termómetro

термометър

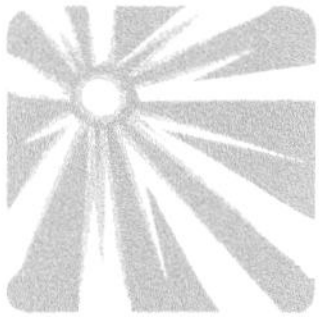

sol

слънчева светлина

nube

облак

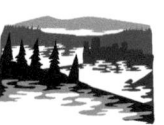

niebla

мъгла

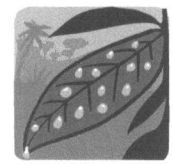

humedad

влажност на въздуха

rayo

светкавица

trueno

гръмотевица

tormenta

буря

granizo

градушка

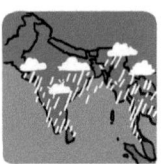

monzón

мусон

inundación

наводнение

hielo

лед

enero

януари

febrero

февруари

marzo

март

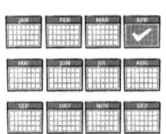

abril

април

mayo

май

junio

юни

julio

юли

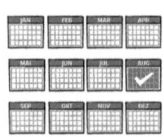

agosto

август

año - godина

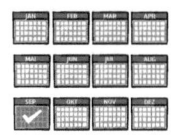

septiembre

септември

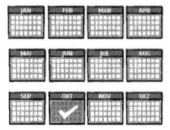

octubre

октомври

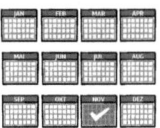

noviembre

ноември

diciembre

декември

formas
форми

círculo

кръг

cuadrado

квадрат

rectángulo

четириъгълник

triángulo

триъгълник

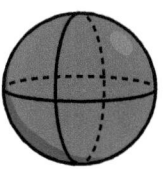

esfera

сфера

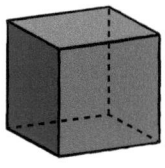

cubo

куб

blanco

бял

amarillo

жълт

anaranjado

оранжев

rosa

розов

rojo

червен

morado

лилав

azul

син

verde

зелен

marrón

кафяв

gris

сив

negro

черен

mucho / poco

много / малко

enojado / tranquilo

ядосан / спокоен

bonito / feo

красив / грозен

principio / fin

начало / край

grande / pequeño

голям / малък

claro / oscuro

светъл / тъмен

hermano / hermana

брат / сестра

limpio / sucio

чист / мръсен

completo / incompleto

пълен / непълен

día / noche

ден / нощ

muerto / vivo

мъртъв / жив

ancho / estrecho

широк / тесен

comestible / no comestible

ядлив / неядлив

malo / amable

сърдит / любезен

entusiasmado / aburrido

развълнуван / скучаещ

gordo / delgado

дебел / тънък

primero / último

най-напред / най-накрая

amigo / enemigo

приятел / враг

lleno / vacío

пълен / празен

duro / blando

твърд / мек

pesado / ligero

тежък / лек

hambre / sed

глад / жажда

enfermo / sano

болен / здрав

ilegal / legal

нелегален / легален

inteligente / tonto

интелигентен / глупав

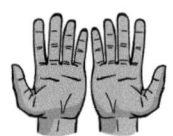

izquierda / derecha

ляво / дясно

cerca / lejos

близо / далече

nuevo / usado

нов / употребяван

nada / algo

нищо / нещо

viejo / joven

стар / млад

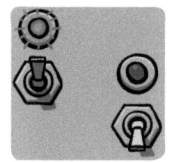

encendido / apagado

вкл. / изкл.

abierto / cerrado

отворен / затворен

silencioso / ruidoso

тих / силен (звук)

rico / pobre

богат / беден

correcto / incorrecto

правилен / погрешен

áspero / suave

грапав / гладък

triste / contento

тъжен / щастлив

corto / largo

дълъг / къс

lento / rápido

бавен / бърз

húmedo / seco

мокър / сух

cálido / frío

топъл / студен

guerra / paz

война / мир

0

cero

нула

1

uno

едно

2

dos

две

3

tres

три

4

cuatro

четири

5

cinco

пет

6

seis

шест

7

siete

седем

8

ocho

осем

9

nueve

девет

10

diez

десет

11

once

единадесет

12

doce

дванадесет

13

trece

тринадесет

14

catorce

четиринадесет

15

quince

петнадесет

16

dieciséis

шестнадесет

17

diecisiete

седемнадесет

18

dieciocho

осемнадесет

19

diecinueve

деветнадесет

20

veinte

двадесет

100

cien

сто

1.000

mil

хиляда

1.000.000

millón

милион

números - числа

inglés

английски

inglés americano

американски английски

chino mandarín

китайски мандарин

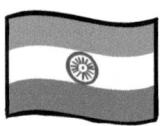

hindi

хинди

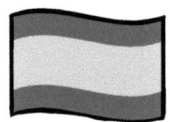

español

испански

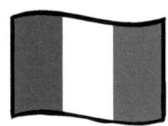

francés

френски

árabe

арабски

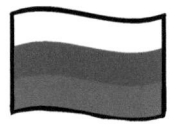

ruso

руски

portugués

португалски

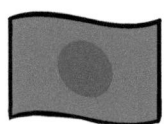

bengalí

бенгалски

alemán

немски

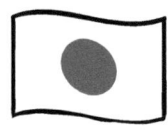

japonés

японски

yo

аз

tú

ти

él / ella / ello

той / тя / то

nosotros/as

ние

vosotros/as

вие

ellos/as

те

¿quién?

кой?

¿qué?

какво?

¿cómo?

как?

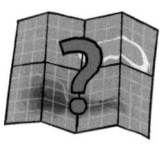

¿dónde?

къде?

¿cuándo?

кога?

nombre

име

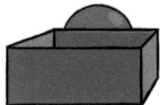

detrás

зад

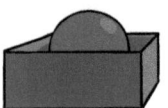

en

в

delante de

пред

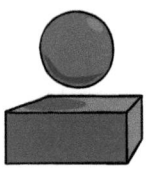

por encima de

над

sobre

върху

debajo de

под

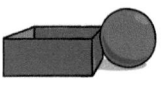

junto a

до

entre

между

lugar

място